Lebe dein Leben mit Gelassenheit

Ashley Lippert

GROH

Gelassen bleiben, ...

auch wenn's mal wieder hektisch zugeht?
Atme dreimal tief durch. Ein Atemzug Gleichmut gegenüber den Wirren des Alltags. Den zweiten füllst du mit Achtsamkeit gegenüber dir selbst. Den dritten Atemzug packst du voll mit Humor. Denn der gibt dir den Schwung zurück.

Du hast den Überblick

Lass dich von anderen Leuten
nicht durcheinander bringen, auch wenn
sie eine andere Meinung als du vertreten.
Du hast den besten Überblick in deinem Leben.
Du spürst genau, wo es für dich lang geht.
Und darauf kannst du getrost vertrauen.

Der beste
Aussichtsturm des Lebens
ist die Gelassenheit.

Ernst Ferstl

Gelassenheit

Zuversicht

Ab und zu gerät das Leben aus dem Gleichgewicht.
Ein plötzlicher Ausrutscher, eine unsanfte Landung,
da ist es gar nicht so einfach, die innere Balance
zu halten. Sei zuversichtlich.
Nichts bleibt wie es ist, und nach jedem Gewitter
kommt wieder die Sonne zum Vorschein.

Rituale ...

berühren die Seele.
Ein Ritual kann dich für einen Moment
vom Trubel des Alltags befreien.
Vielleicht ist es ein Bild, ein bestimmter Duft,
eine Melodie oder eine ganz persönliche Geste,
die dich im eigenen Herzen ankommen lässt
und dir hilft, alles andere loszulassen.

Nur wer nicht in der Zeit,
sondern in der Gegenwart lebt,
ist glücklich.

Ludwig Wittgenstein

Gegenwart

Stück für Stück

Besonders kniffelige Aufgaben wollen wir meist möglichst schnell hinter uns bringen. Doch gerade dabei können sich Fehler einschleichen. Nimm dir lieber Zeit, alles in Ruhe zu betrachten, und arbeite dich dann Stück für Stück an die Lösung heran.

Vertrauen ...

in dich und deine Fähigkeiten
schenkt dir unsichtbare Flügel.
Es trägt dich über die kleinen
und großen Hindernisse des Lebens hinweg
und eröffnet dir neue Horizonte.

Der Weg zum Glück besteht darin, sich um nichts zu sorgen, was sich unserem Einfluss entzieht.

Epiktet

Glück

Unverhofft kommt oft

Gerade noch dachtest du, alles sei paletti,
da siehst du dich einer neuen Herausforderung
gegenüber. Bleib locker, fass dir ein Herz
und lass deiner Fantasie freien Lauf.
Aus spielerischer Improvisation entstehen
oft gute Lösungen.

Zeit zum Überlegen

Mit hastig getroffenen Entscheidungen
tust du dir keinen Gefallen.
Auch wenn jemand dich zu einer raschen Zusage
drängt, weil du sonst eine günstige Gelegenheit
verpasst. Lass dir Zeit und sag ihm:
„Darüber will ich erst in Ruhe nachdenken".

Wahre Ruhe ist
nicht Mangel an Bewegung.
Sie ist das Gleichgewicht
der Bewegung.

Ernst Freiherr von Feuchtersleben

Gleichgewicht

Am liebsten …

möchten wir über alles die Kontrolle behalten,
wollen den Lauf der Dinge bestimmen.
Aber das Leben hat seine eigenen
Vorstellungen und legt uns immer wieder
mal ein paar Steine in den Weg.
Bewahre dir trotzdem deine Gelassenheit.
Nimm die Steine und bau eine Brücke daraus.

Loslassen

Gelassenheit hat viel mit Loslassen zu tun.
Wer sich ständig an allem festhält,
muss seine ganze Kraft aufwenden und
hat weder Kopf noch Hände frei.
Löse dich bewusst von allem, was dich belastet
und dein Leben wird unbeschwerter.

Die Ruhe der Seele
ist ein herrliches Ding und
die Freude an sich selbst.

Johann Wolfgang von Goethe

Freude

Nicht perfekt sein

Missgeschicke passieren, sie gehören zum Alltag.
Und wir werden nie aufhören, Fehler zu machen.
Wenn du dich dafür verurteilst,
machst du dir nur selbst das Leben schwer.
Sei nachsichtig mit dir. Kein Mensch ist perfekt,
und auch du musst es nicht sein.

Geduld ...

kann eine ziemliche Herausforderung bedeuten.
Auch wenn es manchmal schwer fällt,
bleib am Ball mit Beharrlichkeit, Hoffnung und Mut.
Denn der fängt den dicksten Fisch, der geduldig
und gelassen warten kann.

Das Geheimnis liegt
im Loslassen und
in der Geduld.

Reinhold Bertsch

Geduld

Nimm dir Zeit

Verpflichtungen, Beruf, Familie, Freunde, Hobbys –
manchmal bist du ganz schön eingespannt!
Gerade deshalb darfst du dir hin und wieder
ganz lässig sagen:
Nicht hier. Nicht heute. Nicht jetzt.

Genieß das Leben

Genuss und Muße heben die Lebensqualität. Halte also nicht allzu streng an Vorsätzen und Regeln fest. Kleine „Sünden" sind erlaubt. Und wenn deine Waage dir danach einen Denkzettel verpasst – sei's drum. Was zählt, ist deine Lebensfreude!

MENUE
SALADE
SOUPE
AGNEAU
DESSERT

Entspanne dich.
Lass das Steuer los.
Trudle durch die Welt.
Sie ist so schön.

Kurt Tucholsky

Loslassen

Tagträume

Nur für ein paar Minuten so tun,
als hättest du alle Zeit der Welt ...
Lehn dich zurück, schließ die Augen und
träum dich kurz hinweg vom Alltag.
So ein „Miniurlaub" ist wie ein Streicheln
für Leib und Seele.

Den Puls des eigenen Herzens fühlen.
Ruhe im Innern, Ruhe im Äußeren.
Wieder Atem holen lernen,
das ist es.

Christian Morgenstern

Atem holen

Farben des Lebens

In dieser Reihe sind außerdem erschienen:

GEH DEINEN EIGENEN WEG
ISBN 978-3-86713-431-6

BEGINNE DEN TAG MIT EINEM LÄCHELN
ISBN 978-3-86713-502-3

VERTRAU AUF DEINE KRAFT
ISBN 978-3-86713-504-7

Über die Autorin:
Ashley Lippert, bekannt als „Frau Bettina", leitet seit vielen Jahren die Redaktion „Lebensberatung" der Zeitschrift „die aktuelle". Zudem arbeitet sie als freie Autorin.

Bildnachweis:
Titel, S. 24 u. U4: Mitchell Funk/Photographer's Choice/Getty Images; S. 3: Thinkstock/iStockphoto; S. 5: Martin Rugener/Photographer's Choice/Getty Images; S. 6: mauritius images/flirt; S. 9: Marc Crumpler/Flickr/Getty Images; S. 11: Max Paddler/Gallo Images/Getty Images; S. 12: Thinkstock/Hemera; S. 15: Goran Bogicevic/Fotolia; S. 17: Kwest/Fotolia; S. 18: Keisuke Iwamoto/amana images/Getty Images; S. 21: George Diebold Photography/Iconica/Getty Images; S. 23: Nacivet/Photographer's Choice RF/Getty Images; S. 24: Mitchell Funk/Photographer's Choice/Getty Images; S. 27: Adam Burton/Robert Harding World Imagery/Getty Images; S. 29: iStockphoto/narvikk; S. 30: Michael Orton/Stone/Getty Images; S. 33: Nicholas Rigg/Photographers's Choice/Getty Images; S. 35: Dennis Hallinan/Archive Photos/Getty Images; S. 36: Ashley Cooper/Visuals Unlimited, Inc./Visuals Unlimited/Getty Images; S. 39: Thinkstock/Hemera; S. 41: Achim Deimling-Ostrinsky/StockFood; S. 42: Lukas Creter/Stone/Getty Images; S. 45: Sabine Lubenow/LOOK/Getty Images; S. 46: Tai Power Seeff/Photodisk/Getty Images.

Textnachweis:
Wir danken allen Autoren, die uns freundlicherweise die Erlaubnis zum Abdruck ihrer Texte gegeben haben, sowie dem Suhrkamp Verlag für das Zitat von Ludwig Wittgenstein auf S. 13 aus: Tractatus logico-philosophicus: Logisch-philosophische Abhandlung (edition Suhrkamp) © Suhrkamp Verlag, Frankfurt am Main, 1963.

Idee und Konzept:
Groh Verlag.

ISBN 978-3-86713-503-0

117002-4253-02

Ein Lächeln schenken

Geschenke sollen ein Lächeln auf Gesichter zaubern und die Welt für einen Moment zum Stehen bringen. Für diesen Augenblick entwickeln wir mit viel Liebe immer neue GROH-Geschenke, die berühren.

In ihrer großen Themenvielfalt und der besonderen Verbindung von Sprache und Bild bewahren sie etwas sehr Persönliches.

Den Menschen Freude zu bereiten und ein Lächeln zu schenken, das ist unser Ziel seit 1928.

Ihr

Joachim Groh

GROH